A ANALISTA
(NA REDE)

Editora Appris Ltda.
1.ª Edição - Copyright© 2024 da autora
Direitos de Edição Reservados à Editora Appris Ltda.

Nenhuma parte desta obra poderá ser utilizada indevidamente, sem estar de acordo com a Lei nº 9.610/98. Se incorreções forem encontradas, serão de exclusiva responsabilidade de seus organizadores. Foi realizado o Depósito Legal na Fundação Biblioteca Nacional, de acordo com as Leis nos 10.994, de 14/12/2004, e 12.192, de 14/01/2010.

Catalogação na Fonte
Elaborado por: Dayanne Leal Souza
Bibliotecária CRB 9/2162

R361a
2024
	Reigado, Marina
	    A analista (na rede) / Marina Reigado. – 1. ed. – Curitiba: Appris, 2024.
	    138 p. ; 21 cm.
	
	    ISBN 978-65-250-6453-6
	
	    1. Psicanálise. 2. Winnicott. 3. Poesia. 4. Prosa. I. Reigado, Marina. II. Título.
	
	                                                        CDD – B869.91

Editora e Livraria Appris Ltda.
Av. Manoel Ribas, 2265 – Mercês
Curitiba/PR – CEP: 80810-002
Tel. (41) 3156 - 4731
www.editoraappris.com.br

Printed in Brazil
Impresso no Brasil

Marina Reigado

A ANALISTA
(NA REDE)

Curitiba, PR
2024

FICHA TÉCNICA

EDITORIAL	Augusto V. de A. Coelho
	Sara C. de Andrade Coelho
COMITÊ EDITORIAL	Marli Caetano
	Andréa Barbosa Gouveia (UFPR)
	Edmeire C. Pereira (UFPR)
	Iraneide da Silva (UFC)
	Jacques de Lima Ferreira (UP)
SUPERVISORA EDITORIAL	Renata C. Lopes
PRODUÇÃO EDITORIAL	Adrielli de Almeida
REVISÃO	Katine Walmrath
DIAGRAMAÇÃO	Bruno Nascimento
CAPA	Alegria Design
REVISÃO DE PROVA	William Rodrigues

*Aos meus pais, que me deram os primeiros silêncios
e as primeiras palavras.*
*Aos meus analistas, que me ajudam a cuidar do que foi recebido,
me permitindo então Ser.*

AGRADECIMENTOS

Para Carolina, parceira desde quando ainda era um bebê na barriga da mãe.
Para Beto, que me encoraja a sonhar a vida e, em especial, este livro.

APRESENTAÇÃO

Uma analista na rede social.

Como ocupar esse território, cuidando de respeitar a densidade da teoria psicanalítica e a seriedade que envolve esse ofício?

Como se comporta a analista, cuja função é marcada pelo recuo e a abstinência, se a rede social se alimenta do compartilhamento da vida pessoal e da exposição?

Como se utilizar das redes como ferramenta de divulgação do trabalho da analista sem cair na armadilha da superficialidade e das respostas prontas?

Como abrir espaço para que a densidade e a profundidade compareçam em um espaço que privilegia a imagem, o consumo rápido, a informação pasteurizada e superficial?

Diante dessas questões, concluímos: a presença na rede social se coloca como um desafio para qualquer analista!

Foram essas algumas das questões que me tomaram, alguns anos atrás, quando me vi provocada pela possibilidade de utilizar a rede social como espaço de divulgação da psicanálise e de meu trabalho como psicanalista.

Se, em outros tempos, a analista se fazia conhecida pelo boca a boca das indicações, pelo cartão de visita ofertado, pelo nome marcado na lista telefônica, hoje a analista registra seu site no Google e sempre que perguntada pelo seu trabalho indica o endereço das suas redes sociais — o atual cartão de visita —, que apresenta uma amostra do seu trabalho, do seu ponto de vista, de sua linha teórica.

Lutar contra a relevância das redes sociais me parecia uma guerra perdida. Por isso, me apressei a descobrir como ocupar o meu espaço nas redes.

Inicialmente, como psicanalista, profissional do cuidado e da saúde, me deparei com uma série de questões éticas que me fizeram pensar e repensar a presença nas redes sociais.

Além disso, sou do tempo da internet discada, da conexão via telefone que nos fazia ter que escolher entre o computador ligado ou o telefone disponível para conversas. Sou de uma geração onde a comunicação se dava por outras vias para além da internet.

Por isso, me deparei não apenas com o desafio técnico (de como ajustar a densidade psicanalítica para a rede), mas também com o desafio tecnológico: era necessário, antes de tudo, compreender a linguagem das redes sociais para utilizá-la e, por que não, subvertê-la!

Alguns analistas certamente dirão que a rede social não é o espaço mais adequado para a densidade da psicanálise. Acusarão, com certa razão, que a linguagem da internet favorece a espetacularização, inclusive de nosso ofício, abrindo espaço para falhas éticas, para a prática mercadológica, para uma certa superficialidade.

Não poderíamos deixar de concordar com essas preocupações e reconhecer os desafios e dificuldades envolvidos na tarefa de falar de psicanálise sem perder sua potência e vocação.

Nesse sentido, Winnicott me pareceu, desde sempre, uma boa inspiração.

Para surpresa de muitos psicanalistas mais tradicionais, Winnicott foi um autor que, durante os anos de 1939 a 1962, fez cerca de 50 palestras para a rádio BBC de Londres, quase todas elas dirigidas aos pais.

O material resultante disso foi posteriormente publicado e se encontra traduzido para o português nas obras *Conversando com os pais* (1993), *A criança e o seu mundo* (1964) e *Os bebês e suas mães* (1987).

Nessas palestras, Winnicott se utilizou do alcance do rádio como meio de difusão das contribuições valiosas da psicanálise para prevenção de adoecimento emocional e para o suporte no cuidado de bebês e crianças.

O material produzido por Winnicott revelava uma linguagem acessível, o que tornava o conteúdo compreensível para mães e cuidadores, que não precisavam ter qualquer conhecimento prévio de psicanálise.

O talento de Winnicott estava justamente em desenvolver uma comunicação que partia da teoria psicanalítica, reconhecia a sua complexidade, mas se mantinha longe de formalismos, conceitos e construções excessivamente intelectuais que poderiam parecer abstratos demais para uma mãe que carrega o seu bebê no colo.

Nesse sentido, não eram as mães que deveriam se esforçar para compreender Winnicott. Era o autor que se fazia entender!

O estilo e a forma de comunicação adotada por Winnicott se tornaram, então, inspiração e norte para a analista na rede.

Junto disso, a eclosão da Covid-19 e a necessidade de isolamento social trouxeram a experiência do mundo digital como uma constante na vida de todos nós. Assim, além do consultório psicanalítico migrar para o atendimento remoto, as redes sociais se tornaram um espaço importante de compartilhamento de experiências e angústias que atravessavam não apenas os pacientes, mas também os próprios analistas comprometidos na manutenção de uma clínica em tempos difíceis como o da pandemia.

Nesse contexto, compreendi que não caberia ali ocupar a rede com textos excessivamente teóricos, estes seriam bem-vindos em outros espaços de troca e escrita científica.

A rede social tornou-se, então, um espaço de compartilhamento, de troca, de conexão profissional, fazendo surgir um estilo de escrita que permeia a teoria, mas que não se pretende teórico. A costura entre conceitos tornou-se apenas pano de fundo, e não objetivo central.

Com tudo isso, o livro que apresento aqui é fruto desse exercício de escrita praticado nos últimos seis anos. Trata-se do registro dos textos escritos ao longo desse tempo na tentativa de dar a esse material vida longa para além dos espaços virtuais.

Trouxe aqui os textos preferidos e que tiveram maior interação com os usuários da rede e mantive "*a analista*" como a narradora de todos os textos e histórias. A escolha do termo "*a analista*" não é por acaso.

Se na norma culta o artigo "o" acompanha o que é universal, aqui substituo "*o analista*" genérico e sujeito de nossas frases para o feminino "*a analista*". A escolha não se dá apenas porque sou uma mulher, mas porque trago *a analista* como exercício proposital e convite para que percebamos em sua insistência a ausência da voz feminina nos textos e no campo psicanalítico.

Por isso, os textos caminham por entre as experiências da analista. Ora é a analista que fala da sua prática profissional; ora é ela quem divide as histórias que testemunha; ora é aquela que compartilha as vivências do tempo da pandemia; ora é a analista-mãe que se descobre assumindo novas funções de cuidado.

Vale destacar que os textos aqui apresentados não são pretenciosos ou densos teoricamente. A proposta é que, por meio de uma leitura leve, o leitor possa ser fisgado e convidado a pensar sobre a vida a partir de cenas e recortes cotidianos.

Aos colegas psicanalistas que eventualmente me leiam, o propósito não é ensinar psicanálise winnicottiana, ainda que em diversos textos haja um flerte com a teoria, por meio de citações de termos aqui e acolá, devidamente registrado em notas de rodapé, para que o leitor se engaje na pesquisa das fontes e na leitura dos originais. A intenção é convidá-los a me acompanharem pelo avesso da escuta, trazendo foco para o que ocorre do lado de cá da vida da analista.

A intenção não é oferecer um guia teórico, mas dividir um pouco da poesia e da beleza que acompanham o trabalho analítico!

Espero que a leitura faça sentido e encoraje outros analistas a ocupar as redes e fazer ouvir e compartilhar o saber psicanalítico!

A autora

PREFÁCIO

A analista se apresenta humana, nós a lemos e nos reconhecemos em seus gestos, suas experiências e seus afetos. A analista, as leitoras e os leitores verão, critica o ideal da neutralidade e se mostra, erguendo um espelho a partir do qual nos reconhecemos — mesmo os leitores do gênero masculino — em muitas de suas poéticas, preciosas passagens.

Marina Reigado tece com leveza ímpar os acontecimentos da vida e a teoria winnicottiana. Fazendo jus aos aportes teóricos do mestre inglês, Marina brinca e nos convida a brincar com ela, insisto, a partir da poesia cotidiana, a coragem de ver o novo e conversar sobre o muito não dito.

O livro que a leitora, em especial, tem em mãos, serve de guia para que mulheres-analistas que sejam ou não mães saibam que não estão sozinhas. Muitas das experiências narradas por Marina são vivenciadas por nossas colegas, e o desmentido que cai sobre elas pode ter um efeito traumático. Ter receio de receber um paciente novo ou trabalhar até tarde no consultório: os efeitos do machismo perverso sobre a vida da analista-mulher precisam ser enunciados. Isso existe e está no jogo.

Pensadora de seu tempo, Marina Reigado traz também seu diário pandêmico que, em seu caso, coincidiu, em alguma medida, com a gravidez. Uma vez mais, leitor e leitora irão se identificar com as idiossincrasias narradas sobre a peleja do *online*, dos computadores, do mundo virado ao avesso pelo vírus.

O estilo da autora é o ensaio poético, e ele brilha com particular intensidade quando ela fala da gravidez, do nascimento de sua filha e dos efeitos disso sobre si mesma e sobre sua prática. Nunca é demais lembrar que Freud começa propriamente a psicanálise narrando seus próprios sonhos, expondo-se como objeto, condição paradoxal para apresentar-se como sujeito atravessado, constituído, marcado pelo desejo inconsciente. Que a leitora e o leitor procurem, numa das crônicas, a interpretação maravilhosa de um sonho da autora e comprove por si mesmo(a) se estamos ou não diante da continuidade do projeto freudiano.

Este livro pode ser visto como uma espécie sofisticada de brinquedo, pois ele é um convite para estar junto. Eu já tive a sorte de escrever com Marina e sei como é bom brincar com ela. Leitoras e leitores poderão agora experimentar a mágica que a autora sabe produzir como ninguém: ser abraçado por palavras, mas também ter aquele prazer intenso de ler um texto a um só tempo inteligente e doce.

Marina, leitora sagaz de Winnicott, nos convida para brincar, mesmo que tenhamos que falar de coisas mais duras — da vida pessoal e suas ressonâncias contratransferenciais, do machismo, das dores traumáticas. Por isso mesmo, é bom saber que também vamos passar por momentos muito suaves e tranquilos — a alegria dos encontros, o amor, a família, a interpretação libertadora. Como disse, o estilo da autora é poético sem deixar de ser crítico. Que leitoras e leitores aproveitem a jornada proposta pela múltipla Marina: analista, mulher e mãe. E, saibam disso, há ainda mais multiplicidade nas entrelinhas.

Fábio Belo

Professor Associado do Departamento de Psicologia, na Universidade Federal de Minas Gerais. Autor de diversos livros, dentre os quais *Ensaios de psicanálise e alguma poesia* (INM Editora, 2024). É coordenador do Projeto de Extensão Conversas virtuais sobre psicanálise – UFMG

SUMÁRIO

PARTE 1
A ANALISTA ESCREVE
(sobre o ofício e a função do cuidado)

A escrita e a analista 22
A analista 23
O sofrimento e a humanidade (da analista) 25
O trabalho da analista 26
Ao analista iniciante 27
As marcas no meu sofá 28
Entre um paciente e outro 29
Agenda da analista 31
As férias 32
A supervisão 34
Um pé ali, no meio do caminho 35
Nada de diagnóstico. O nome próprio, por favor 37
A analista apressada 39
A analista em luto 40
As lágrimas da analista 42
A sala de espera 43
A análise guarda em si todos os tempos do mundo 44
Sobre o ódio (alguns lembretes) 46
Um silêncio ensurdecedor 48
Devaneios da analista 51
Os memes, a análise 52
Um aviso à analista na rede 54

PARTE 2
A ANALISTA OUVE
(poesia e prosa da vida cotidiana)

O meu primeiroanalista 58
Depois da análise 59
Longe daqui 60
Minha mãe, menina em mim 61
Mãe era sol (nos dias de luz) 62
Eu me seguro em ti 64
O doce de figo 66
Eu e os abacates 68
Menina grande 69
Eu sou pesada 70
Produzo, logo existo 72
Deixa o celular 74
A alegria do silêncio 75
Café e vó 76
Despedida 78
Ele brinca de ser mulher 80
Eu não sei amar 82
Nossas mãos se tocam 83

PARTE 3
A ANALISTA NA QUARENTENA
(a função de cuidado em tempos difíceis)

A neutralidade 86
Atendimento remoto 87
25º dia da quarentena 88
58º dia de quarentena 89
69º dia de quarentena 90
A pandemia e o meu amor 91
112º dia de quarentena 92
195º dia: confissões da quarentena 93

PARTE 4
ANALISTA-MÃE
(confissões da analista e a maternidade)

Analista-mãe 96
Comunicação (silenciosa) 97
O cuidado e os mamões 98
A menina estava por vir 100
A poltrona 101
Um presente para a analista 103
Chute 104
Licença: maternidade! 105
Maiô azul 107
Cesárea 108
A vida foi tomada 110
Confissões da mãe que habita o puerpério 111
A amamentação 113
O que lhe peço, mãe 115
Em defesa do colo 117
No início era tudo um 119
Aqueles olhos que me olham 120
A mamada 121
A mancha no quimono branco 123
Onde moram em ti os traços meus 125
i.nau.gu.ral 126
Ela vai porque pode voltar 128
Brinca, mãe! 130
A analista-mãe relê (o mundo) 132
O abraço que é toda a bondade do mundo 133
Eu negocio com o tempo 135
Nos bastidores, uma mãe 136

*Numa análise, as palavras correm
e reestruturam-se em novas narrativas
que se esforçam para criar e recriar o si mesmo.
E não seria, também assim, na escrita?*

PARTE 1

A ANALISTA ESCREVE

(SOBRE O OFÍCIO E A FUNÇÃO DO CUIDADO)

A ESCRITA E A ANALISTA

Os meus escritos deixam escapar o que atrai o meu olhar, o que me provoca os pensamentos, o que me emociona e não quer ficar guardado apenas dentro de mim.

Por isso, divido isso com você — e me revelo — através da escolha das minhas palavras, da cadência do meu texto, do ritmo e da presença que se materializa por meio da minha escrita. Assim me expresso e exercito um jeito de ser.

(Em certa medida é também assim, tomada pela minha pessoalidade, que recebo e acolho meus pacientes no consultório, convidando-os para esse exercício fundamental de falar de si e de se colocar no mundo a partir do seu gesto pessoal.)

A ANALISTA

Observe a analista — aquela acompanhada pelo artigo feminino "a".
Aquela ausente nos textos e artigos científicos acostumados a falar sobre "o analista" em respeito à norma da língua e às hierarquias de poder que se revelam por meio da linguagem privilegiando o sujeito de voz masculina.

Observe a analista e sua presença maciça nos seminários e nas formações psicanalíticas.

Observe como ela se dedica ao estudo.

Talvez ela não se dê conta de que suas teorias vêm impregnadas pelos discursos e estruturas que compõem o mundo. Talvez por isso ela permaneça submetida a um mestre, professor ou supervisor.

Talvez ela não perceba que ainda lhe faltam referências teóricas — psicanalistas de grande porte — que venham, também, acompanhadas pelo artigo feminino "a".

(A analista lê os teóricos, homens, que se tornam, portanto, referência de saber e potência.)

Talvez por isso, não perceba que as ideias merecem ser revistas e revisitadas.

Observe a analista.

Aquela que teme a segurança em seu próprio consultório. Por isso, evita novos agendamentos depois das 18 horas; por isso, avisa o porteiro e o vizinho de sala quando um paciente novo agenda horário.

Observe a analista.

Aquela que, eventualmente, engravidará e precisará se organizar para o tempo da licença-maternidade. Encaminhará pacientes ou irá suspendê-los até a sua volta.

A analista se arriscará em recomeçar sempre que decidir ter outros filhos.

"*São ossos do ofício*", dizem para ela.

Por tantas vezes, a analista é função.

Por tantas outras, é mais um corpo de mulher.

O SOFRIMENTO E A HUMANIDADE (DA ANALISTA)

Uma boa dose de sofrimento traz humanidade e riqueza de caráter para a analista.

As vidas tranquilas, facilitadas pelo ambiente, constroem boas pessoas, mas talvez indivíduos mais adeptos a outras práticas.

Para a psicanálise, é necessário uma certa familiaridade com a dor.

É crucial que não se tenha medo do sofrimento e nem mesmo da loucura.

E é preciso interesse em ouvir e testemunhar.

E é fundamental a *esperança*!

Aquela cultivada pela analista que experimentou, na própria pele, o poder de uma análise.

O TRABALHO DA ANALISTA

O trabalho da analista é artesanal.
Nada de dizeres prontos, de indicações e receitas de como se deve ser e viver a vida.
Nada de produção em série, de saúde e bem-estar entregues devidamente embalados ao final da sessão.
Nada de falas, interpretações, manejos mecanicamente repetidos e reproduzidos.

O efeito disso seria o vazio que a artificialidade tão bem representa.

Análise é trabalho artesanal, é pedra talhada, a quatro mãos!
É construção e desconstrução, fruto do encontro único de um certo analista e um certo analisando, que juntos, sessão após sessão, darão corpo e forma para um processo tão íntimo e particular.

Análise é trabalho artesanal e talvez por isso exija tanta paciência, persistência, insistência.
Talvez por isso, a análise seja sempre obra inacabada, análise sempre interminável[1].

---

[1] FREUD, Sigmund. *Análise terminável e interminável*. Edição Standard das Obras Psicológicas Completas. Rio de Janeiro: Imago, 1996. p. 225-270. v. XXIII.

AO ANALISTA INICIANTE

Leia os livros.

Estude bastante.

Encontre sua abordagem e se aprofunde naquele autor que você escolheu.

Se debruce sobre os livros, leia os comentadores, faça análise e supervisão.

Siga as orientações da escola de formação ou da sociedade tal.

Acumule títulos, formações, certificados.

E ao final se pergunte o quanto há ali, naquele aglomerado de coisas, a sua apropriação pessoal.

Avalie o quanto você pôde adicionar à prática seus traços próprios, pessoalizando a sua forma de cuidar.

Se pergunte se o acúmulo é apenas mental, intelectual ou se foi possível que o conhecimento se enraizasse no corpo, por meio da experiência viva da prática desse ofício.

Se interrogue se a sua formação tem sido espaço para criação do novo, para questionamento do velho, para reconhecimento do que é ultrapassado.

Se pergunte sobre a tônica que tem acompanhado a sua construção:

"Há espaço para o mergulho na experiência da liberdade ou apenas te exigem mais e mais submissão?".

AS MARCAS NO MEU SOFÁ

As marcas no meu sofá são as marcas do tempo e revelam as presenças que por aqui passaram.

As marcas no meu sofá.
Sulcos profundos sob o tecido.
Estofado, vivo.
Extensão de mim e de meu corpo. Por isso, ofereço o sustento do sofá, símbolo do colo que disponibilizo em meio às almofadas macias.

As marcas no meu sofá, testemunhas desse ofício do cuidado: que o *setting* ofereça a hospitalidade e a firmeza e a delicadeza no toque.

As marcas no meu sofá pedem reforma urgentemente, mas adio sempre...
(Me sinto apegada às presenças e ao registro concreto daqueles que passaram por aqui.)

ENTRE UM PACIENTE E OUTRO

Entre um paciente e outro, a analista respira.
Fundo.
Na cadeira (aquela que aloja o corpo e a psique).

Entre um paciente e outro, a analista fecha os olhos.
E no intervalo, minúsculo de tempo, pode morar só:
dentro de si.
É verdade que nessas horas é atropelada pelas urgências da vida, que também a habitam: as pendências da agenda, a roupa no varal, a conta a pagar, as angústias que carregamos, todos, dentro do peito.

Entre um paciente e outro, a analista retorna e anota rapidamente palavras soltas que virarão profundas.
Depois.
No tempo da reflexão, da supervisão, da costura teórica.

Entre um paciente e outro, a analista se levanta da cadeira.
A coluna ereta ajuda a organizar as ideias e a retomar o prumo.
A analista passa, então, a mão pelo livro de capa macia.
Folheia, mas não o lê.
A cabeça ainda carregada de palavras pede silêncio e recolhimento.
Mesmo que breve.

Entre um paciente e outro, a analista abastece a garrafa de água.
Enche a xícara de café.
Respira fundo — mais uma vez — e se lembra:
"*É preciso retomar presença para ser presença*" — a analista se lembra quase como um mantra.

Entre um paciente e outro, a analista avista pela janela a vida lá fora, passando despercebida: as árvores continuam verdes incólumes a toda a dor e sofrimento do mundo.
E, como se tomada de algum conforto interno, a analista compreende: "*É tudo parte de uma coisa só!*".

Entre um paciente e outro, a analista retoma a sua crença na vida, na saúde e na dimensão transformadora do cuidado!

AGENDA DA ANALISTA

A agenda da analista se fecha.
E não é por status, nem para esbanjar.
A analista fecha a agenda e reconhece:
"*Não há escuta imune à estafa e à exaustão*".

Quando se é iniciante no ofício, a agenda da analista começa minguada, mas o tempo de prática ensina:
"*A analista cansada não sustenta o cuidado*".
Os pacientes precisam nos ter dispostos e disponíveis para sustentar a experiência viva de uma análise.

A analista fecha a agenda e revela o alcance de uma certa confiança profissional:
"*A clínica perdurará — para além dos 'nãos' necessários e bem-vindos!*".
Por isso, a agenda se fecha.
E não se trata de uma simples decisão prática, mas de extensão e continuidade do cuidado.

AS FÉRIAS

Encerra agenda.

Arruma os papéis que moraram em cima da mesa por algumas semanas.

Fecha os livros.

As teorias podem aguardar outra época.

Outro momento.

Risca as pendências (infinitas).

Empurra para a frente o que pode aguardar e se lembra que a vida se ajeita, se apruma. Confia.

Pausa, analista.

Respira fundo na poltrona e se aquieta das urgências do trabalho.

Os processos transcorreram suficientemente bem — no ritmo do que foi possível para a dupla.

Os pacientes podem se beneficiar do tempo da pausa e da experimentação.

Fecha a agenda, analista.

Encerra o ano.

O ciclo.

E experimenta o respiro livre dos horários organizados em caixinhas de 50 minutos.

(De repente, o dia pode ganhar horas mais longas e o tempo se tornar mais livre do relógio.)

Por isso, fecha a agenda, analista.
E usufrua do tempo.
(O trabalho também pode engolir aquele que cuida.)

A SUPERVISÃO

A analista busca companhia.

Qualificada e encarnada na figura do supervisor.

A analista sabe que para sustentar o cuidado não basta o tempo de faculdade, as pós-graduações e todos os grupos de estudos.

A analista se constitui para além da compreensão racional e teórica.

É na costura teórico-clínica que o ofício ganha sentido e potência.

Por isso, a analista busca companhia e exercita, continuamente, por meio da supervisão, um profundo exercício de humildade:

Compreende que a escuta desacompanhada a empobrece e a põe sujeita às confusões e à surdez própria de quem tem apenas a si como referência e interlocução.

(A analista reconhece a importância do outro na constituição de si e na construção de sua função.)

Por isso, a analista busca companhia.

E se dá conta de que o seu estilo clínico, construído nos anos de exercício profissional, não revela apenas a analista que ela se tornou, mas também a pessoa que é.

Então percebe que sua supervisão, por vezes, se aproximou de sua própria análise.

(Talvez por isso escolher o seu supervisor seja tão importante quanto escolher seu analista!)

UM PÉ ALI, NO MEIO DO CAMINHO

Há que se manter uma certa tensão.

Entre o saber e o não saber.

Se um lado pende mais que o outro, a analista escorrega e se esborracha!

Se cai mais para lá do que para cá, a analista corre o risco de assumir uma presunção perigosa.

Apegada demais ao saber teórico, ela se interrogará pouco, assumirá seu saber como verdade absoluta e olhará para o mundo sem curiosidade.

Nesses casos, a analista sabichona aplicará ao mundo a teoria que carrega embaixo do braço e não se questionará se encontrar algo novo ou que não se encaixa no que está descrito nos livros.

Nessas ocasiões, dirá, dona de uma certeza inabalável: "*A psicanálise não é para todos!*".

(Perde com isso a chance da psicanálise se atualizar e se oxigenar!)

Se, por outro lado, a analista for tomada pela insegurança, pelo receio de não saber, ficará cambaleando, sentindo-se sempre despreparada para a prática clínica.

A analista duvidará de seu estudo e questionará seu preparo sentindo-se sempre em débito: "*Eu não sei o suficiente para clinicar*".

A analista insegura tornar-se-á então colo instável e pouco confiável. Não assumirá a sua voz e saber e deixará que os outros respondam por ela.

(Perde com isso a psicanálise, que deixa de contribuir para mundo e para a vida das pessoas.)

Assim, há que se manter uma certa tensão,
Um pé lá e outro cá.
Um pé ali, no meio do caminho.
Entre o exercício de humildade e a apropriação do saber psicanalítico — enraizado na pesquisa e estudo sérios.

Um pé lá e outro cá.
Sustentando a crença na psicanálise e sua contribuição para a saúde e para o mundo.

NADA DE DIAGNÓSTICO. O NOME PRÓPRIO, POR FAVOR

"Para os psiquiatras que não se interessam tanto por pessoas quanto por doenças — doenças da mente, diriam —, a vida é relativamente simples. Mas, para aqueles que tendem a ver os pacientes psiquiátricos não como portadores de doenças, mas como vítimas da batalha humana pelo desenvolvimento, pela adaptação e pela vida, a tarefa torna-se infinitamente mais complexa."

(Winnicott, 1959)[2]

---

[2] Winnicott, D. W. (1959). O efeito de pais psicóticos no desenvolvimento emocional da criança. In: Winnicott, D. W. (2023). *A família e o desenvolvimento individual*. São Paulo: UBU.

Não se apegue aos diagnósticos (rótulos) mais do que o necessário.

Não se apegue aos nomes, aos termos técnicos.

Use-os com cautela. Use-os quando necessário, com colegas, na discussão de um caso, na supervisão, onde encontramos luz para pontos cegos.

Um paciente é mais do que o conjunto de sintomas: é história encarnada.

Por isso o diagnóstico é parcial, é limitado, não comtempla a complexidade da vida humana.

Então, atente-se ao uso indiscriminado do diagnóstico.

Não substitua o encontro humano pelo jargão.

Cada paciente tem nome próprio pelo qual merece ser chamado!

A ANALISTA APRESSADA

A analista apressada é tomada pela urgência e pela ansiedade de saber: "*Que eu domine todos os livros, que eu reconheça todos os conceitos, que eu recite as citações!*".

Por isso, acelera o passo.

Cobra-se pelas leituras não feitas. Se angustia com a brecha na agenda. Inscreve-se em todos os cursos. Exige-se a experiência que apenas os anos de bagagem lhe garantirão.

A analista apressada se vê tomada pelo medo e pela insegurança. Olha para fora em busca da inspiração que lhe falta, do fôlego de que necessita, da direção para a trajetória. Na corrida para tentar ser e se constituir, a analista apressada se atropela.

E cambaleando, de lá para cá, se demora, mais do que o esperado, para alcançar a consistência que tanto almeja.

Apressada que é, a analista não percebe que precisa ajustar o passo para torná-lo mais firme e consistente.

Ignora que é também o tempo do amadurecimento o seu principal aliado!

A ANALISTA EM LUTO

"*Relato tudo isto porque os analistas raramente falam dos acontecimentos de sua vida pessoal que possam interferir com seu trabalho. A morte de meu irmão tinha mudado toda a minha visão de vida, e sabia que meus pacientes perceberiam. Por isso, lhes contei. E, não se trata de uma questão de transferência e contratransferência, mas da vida real que molda nosso destino, a respeito do qual somos um tanto sinuosos, conosco e com os outros.*"

(Khan, 1989)[3]

---

[3] Khan, Masud. *Quando a primavera chegar*. São Paulo: Editora Escuta, 1991.

O celular tocou, ininterruptamente, durante a sessão.

A analista tentou silenciar, mas a urgência vibrava sem fim. Pediu desculpas à paciente.

Nesse momento, não houve pressentimento ou presságio: "*Deve ser o telemarketing*", pensou logo.

A sessão seguiu até o final.

No intervalo, o telefone tocou novamente e finalmente a analista pôde atendê-lo. Recebeu, então, a notícia: era necessário ir até a emergência mais próxima!

A analista desligou as luzes do consultório, pegou a bolsa e o celular.

E, então, se despediu.

Da paciente que aguardava o horário na sala de espera.

Do pai.

Se despediu de si, daquela que foi um dia.

(Resguardada por presenças fundantes.)

Não haveria mais sessões.

Naquele dia.

Naquelas semanas.

Há alguns anos, a morte de meu pai trouxe o luto que atravessou a vida, a clínica e o cuidado.

Naquela época, foi necessário tempo de afastamento do trabalho e pausas mais frequentes para descanso.

Naquela época, foi necessário negar pacientes novos e me despedir de histórias que exigiam mais do que eu poderia dar.

Naquela época, não estive inteira, e a clínica precisou se adaptar.

AS LÁGRIMAS DA ANALISTA

A sessão terminou com lágrimas nos olhos!

E aquelas podiam ser lágrimas quaisquer, mas não.

Aquelas eram lágrimas inaugurais de quem, diante da aridez dos cuidados, se refugiou num isolamento protetivo.

Por lá se manteve, protegido, é verdade, mas também impedido da experiência de vitalidade.

A vida se tornara sem graça, sem feitos, puro mais do mesmo.

Por isso, fui tomada por aquela sessão.

Aquela em que, pela primeira vez, o choro pôde surgir.

As lágrimas revelaram-se.

E eram prova de vida (interna!).

É verdade que a analista também se viu tomada pelos olhos cheios d'água.

As lágrimas eram testemunhas da vivacidade que ainda insistia naquele paciente.

A analista então compreendeu:

Começávamos a fluir.

Como água.

Como lágrimas.

A SALA DE ESPERA

O lugar do quase.

Do respiro.

Da retomada de si.

Convidativa, me conduz à reflexão: *o que se passa em mim, em meus dias, em meu corpo, na vida?*

É na sala de espera que esboço a fantasia de algum controle sobre a vida.

Por isso, imagino pautas, seleciono temas, agrupo em mim as mazelas e as dores que merecem o tempo e a companhia da analista.

Na sala de espera ensaio diálogos, mas é quando a porta se abre, quando me sento diante de ti, que me pego a falar sem enredos.

Me despeço da sala de espera das fantasias de controle que me rondam.

Torno-me sua analisante e me entrego a falar livremente.

Me revelo pela palavra e para além dela. Me denunciam os silêncios e os gestos.

Alguns dirão que é isso prova irrefutável da existência do inconsciente.

Prefiro dizer que é a vida, inesperadamente, me levando a falar o que eu não sabia (que morava em mim.)

A ANÁLISE GUARDA EM SI TODOS OS TEMPOS DO MUNDO

O analista olha para trás e busca nos primórdios da vida, nas experiências vividas, indícios, caminhos, indicações que lancem luz sobre o tempo presente.

Nossas teorias nos ensinam a olhar para o que passou, e vasculhamos a história como arqueólogos bem treinados e afiados, como nos ensinou Sigmund Freud.
O passado, no entanto, não se satisfaz em marcar apenas o que já passou, por isso se infiltra, impiedoso, presente afora — por meio da transferência —, futuro adentro — através das repetições.
(O passado pode contaminar tudo e impedir a chegada do novo!)

Por isso, a analista olha para o passado, mas não estaciona ali; mantém com o tempo uma relação de íntima flexibilidade: reconhece a necessidade do ir e vir e enxerga no presente a possibilidade de inaugurar experiências.

Por isso, a analista aguarda o que está por vir e confia[4] que o futuro chegará e se insinuará — por meio do sonho, do esperançar, da experimentação, da confiança que se inaugura na relação íntima e particular de uma análise.

É verdade que às vezes, numa mesma sessão de análise, passado, presente e futuro aglutinam-se, sem pudor ou cerimônia. Nessas horas, o paciente pode circular no tempo, ser pequeno para, quem sabe, depois, ser grande.

Talvez a análise guarde em si todos os tempos do mundo e, por isso, permita um certo ir e vir que favorece a integração, o cuidado e a cura.

---

[4] Segundo a teoria winnicottiana, a tendência à integração se refere ao potencial humano para integrar-se no tempo e no espaço, integrar seus instintos, aglutinar suas experiências num si-mesmo psicossomático unitário e amadurecer. Embora herdada, tal tendência não é destino e fim certo, necessitando de um ambiente facilitador para realizar-se.

SOBRE O ÓDIO (ALGUNS LEMBRETES)

"Se o analista vai ser acusado de nutrir maus sentimentos, é bom que ele seja prevenido e, assim, preparado, pois tem que tolerar ser colocado nessa posição. Sobretudo, não deve negar o ódio que realmente existe dentro de si. O ódio que for justificado no setting presente deve ser destrinchado, e guardado, e disponibilizado para eventual interpretação."

(Winnicott, 1947)[5]

---

[5] Winnicott, D. W. (1947). O ódio na contratransferência. In: Winnicott, D. W. *Da pediatria à psicanálise* (2021). São Paulo: UBU.

A analista flexibiliza o *setting*. Se adapta. Busca por meio disso atender às necessidades envolvidas no caso.

Coloca-se disponível, confiável e aposta — sustentada pela tendência ao amadurecimento — que isso proverá o paciente do cuidado que é necessário para seu processo.

O paciente, no entanto, desdenha dessa presença.

Falta às sessões.

Cancela o horário em cima da hora.

Não paga pelas sessões.

O paciente exige que a analista se reposicione.
Ele testa os limites. Não só porque precisa de ambiente que sobreviva, mas porque espera o abandono e o provoca como defesa, como modo de se livrar dos riscos envolvidos em um contato mais íntimo.

Nesse contexto, pode chegar o dia em que a analista, já impaciente e tomada de ódio e raiva, permitirá que o paciente cancele a sessão para sempre.
Nessa hora, ela não insistirá mais para novos agendamentos. Não mandará mensagens e dirá para si mesma dos limites do seu trabalho.
E assim, sem se comprometerem com a própria raiva e descrença, analista e paciente poderão se desocupar um do outro e se abandonarão para sempre.

A analista sairá dizendo, enganando a si mesma, que o paciente não permaneceu porque era mais um daqueles casos difíceis de análise. Com isso, ela se esconderá por trás do diagnóstico e não encarará a própria dificuldade e responsabilidade no manejo do ódio.

Perde assim como função de analista.

Perde também o paciente, que se afunda ainda mais na descrença e no isolamento, permanecendo convicto na impossibilidade de confiança nos vínculos.

UM SILÊNCIO ENSURDECEDOR

"Minhas interpretações são econômicas, pelo menos assim espero. Uma interpretação por sessão me satisfaz, se está relacionada com o material produzido pela cooperação inconsciente do paciente. Digo uma coisa, ou digo uma coisa em duas ou três partes. Nunca uso frases longas, a menos que esteja muito cansado. Se estou próximo do ponto de exaustão, ponho-me a ensinar. Ademais, na minha opinião, uma interpretação que contém a expressão 'além disso' é uma sessão de ensino."

(Winnicott, 1962)[6]

---

[6] Winnicott, D. W. (1962). Os objetivos do tratamento psicanalítico. *In*: Winnicott, D. W. *Processos de amadurecimento e ambiente facilitador* (2022). São Paulo: UBU.

Há algumas sessões, a analista se angustia:
"*O que faço, aqui, se apenas ouço? Se apenas faço perguntas corriqueiras, aquelas que tentam cavar profundidade onde não há?*".

Há algumas sessões, a analista se angustia com o paciente silencioso, aquele de respostas objetivas que rebate qualquer tentativa de intervenção.

Há algumas sessões, a analista se pergunta onde tem falhado e se questiona sobre o que lhe falta em entendimento e conhecimento teórico.

Retoma as anotações do caso e percebe a dinâmica envolvida.
Compreende a descrença que acompanha o caso e na supervisão ouve atentamente o supervisor dizer que é justamente isso que vive na contratransferência:
"*Você fracassa ali, na condução da análise, como Ele fracassa, na vida*".

Apesar da compreensão racional, a analista ainda se pega insegura.
Por isso, naquele dia, quando menos esperava, numa dessas brechas que surgem no atendimento analítico, sacou uma intervenção fatal, uma interpretação de dar orgulho a qualquer analista de plantão!

A analista falou em alto e em bom som.
Havia construído a interpretação correta, conectada à história de vida do paciente, e sentiu-se orgulhosa com a analista formidável que podia ser.
Do alto de sua performance, a analista falou, falou, falou como se falasse só para si. Perdeu de vista o paciente à sua frente.

Quando terminou, encontrou o paciente jogado no sofá, abatido.
A cabeça acenava em consentimento.

Apesar disso, nenhuma claridade havia surgido, apenas o assentimento que revelava submissão e obediência.

Nesse momento, a analista se deu conta de que havia se tornado mestre, e o paciente revivia, ali, a cena que se repetia em sua vida afora: submetia-se, calava-se diante daquele que sabia mais dele do que ele mesmo.

Naquele dia, a sessão acabou em silêncio, ensurdecedor.

A analista precisou de uma sessão extra de sua própria análise e mais uma supervisão de urgência.

Agora não era a angústia do silêncio que apertava.

Era a própria surdez da analista que merecia ser analisada!

DEVANEIOS DA ANALISTA

Eu a levo para casa.

Assim, como quem não quer nada.

Ofereço abrigo, repouso, sossego. Acolhida e colo de que necessitamos, todos nós.

Assim, como quem não quer nada, imagino cenários impossíveis, improváveis, e no auge da minha onipotência concluo: "Preciso *adotá-la!*".

Os devaneios da analista revelavam que faltara à paciente a experiência de casa-lar, lugar de origem, sustentação que se oferece como condição para o crescimento e amadurecimento.

Como quem não quer nada, a analista a adota, toma enfim a paciente sob seus cuidados.

Oferece-lhe o divã como materialidade do seu corpo e disponibiliza assim o seu colo, seu sustento, seu braço que ampara e devolve o contato real com a analista.

A analista a adota.

E é na totalidade do *setting*, no manejo do caso, na sustentação do cuidado que a análise se torna, enfim, uma espécie de lar.

OS MEMES, A ANÁLISE

"*Podemos detectar senso de humor na saúde psiquiátrica como parte da capacidade de brincar, em que o senso de humor consiste em uma espécie de jogo de cintura na área da organização das defesas. E esse jogo de cintura gera uma sensação de liberdade tanto para o sujeito como para aqueles que estão envolvidos ou que desejam se envolver com indivíduo em questão. No extremo da doença psiquiátrica, não há jogo de cintura na organização defensiva, razão pela qual o indivíduo se entedia com a própria estabilidade na doença. É essa rigidez na organização defensiva que faz as pessoas se queixarem da falta de liberdade.*"

(Winnicott, 1969)[7]

---

[7] Winnicott, D. W. (1969). Liberdade. *In*: Winnicott, D. W. (2021). *Tudo começa em casa.* São Paulo: UBU.

O WhatsApp vibra.

Uma mensagem chega direto do paciente atendido na noite anterior.

Abro a mensagem, entre uma sessão e outra, e me deparo com uma surpresa boa: um meme.

Sim, depois de uma sessão difícil, recebo um meme, um jeito próprio e criativo de fazer piada de si, de rir, de brincar.

Acolho a mensagem como sinal de comunicação importante.

E aceito o convite do paciente para brincarmos juntos.

Brincando tomamos distância da densidade da última sessão.

Ganhamos fôlego para sustermos as construções da análise.

Experimentamos a análise como espaço de dureza e da leveza (por vezes nos esquecemos da importância também disso).

Ampliamos a intimidade experimentada por nós, analista e paciente.

Trocamos memes.

Fazemos psicanálise.

Transitamos por esse espaço transicional!

UM AVISO À ANALISTA NA REDE

Cultive o imperfeito
O enrugado
O desconfortável
O bagunçado
Os corpos fora do padrão
As mulheres de carne e osso
Os perfis desajeitados
Os feeds sem harmonia
Os erros de português
As fotos sem enquadre
Os textos longos sem final feliz
Cultive o verdadeiro
O real
O profundo
Para além da constância almejada pelos algoritmos
Para além das estratégias de marketing
Para além da linguagem rebuscada
Para além das posições de poder, dos imperativos
Cultive o olhar que atravesse a aparência, a superfície, e desconfie do perfeito, do milimetricamente calculado

Não que ele seja de todo falso, mas o perfeito promove a confusão dos sentidos, bagunça o olhar, nos empurra a esperar (e exigir!) da vida o que ela não pode dar

Por isso, cultive o bonito

e também o feio

e o humano

e o precário: esse que habita todos nós!

PARTE 2

A ANALISTA OUVE
(POESIA E PROSA DA VIDA COTIDIANA)

O MEU PRIMEIRO ANALISTA

O meu primeiro analista era sério, cara fechada, quase não sorria. De vez em quando, mexia a cabeça do lado de lá, enquanto ajeitava os óculos que teimavam em escorregar pelo nariz fino.

O meu primeiro analista era muito bem indicado, integrante da tal sociedade dos analistas que merecem respeito. Tinha palavras difíceis e interpretações enigmáticas.

Do alto de sua cadeira, em couro marrom, mantinha-se intocável.

Em algum momento, eu me queixei daquela distância, e fui recebida com uma interpretação afiada.
Tentei compreender as palavras ditas e os silêncios como intervenções e provocações.
Tentei escutar um pouco mais.
Até que me ouvi.

E era a solidão que falava alto demais na companhia dele.
Escutei que era hora de buscar companhia em outro lugar.
(O meu primeiro analista me ensinou a me ouvir, quase sem falar.)

DEPOIS DA ANÁLISE

Depois da análise sou tomada por um cansaço súbito.

Por isso, preciso ficar quieta, aguardando o processamento de sabe-se lá o quê.

Às vezes, paro para tomar um café; às vezes me deito na cama; às vezes ligo a música ou deixo o rádio tocar.

Sempre adio os compromissos.

Necessito de pausa para me recompor.

É que, depois da análise, sou desafiada.

A acomodar o incômodo.

A cavoucar no profundo.

A encontrar novos espaços em mim.

LONGE DAQUI

Nesse tempo todo que fiquei longe daqui, eu pensava nas coisas que você tinha me dito e me apegava a isso. Eu me lembrava do que conversávamos e cuidava de continuar o caminho que comecei aqui.

Nesse tempo todo, que estive longe, eu não estava sozinha.

Você estava aqui:

dentro.

MINHA MÃE, MENINA EM MIM

Ontem eu vi a minha mãe como há muito tempo não a via.
Ajoelhada.
No chão.
Com a neta.
Minha mãe brincava e era menina de novo.
A massinha de modelar. A boneca no colo.
As mãos enrugadas de minha mãe revelavam um tempo que eu não vi passar.
E apesar dos joelhos doídos, da coluna desgastada, das mãos marcadas pelo tempo, minha mãe brincava.
De criar histórias.
De desenhar rabiscos no papel.
Olhei aquelas mãos segurando o lápis de cor e fui tomada pela familiaridade de uma memória: me lembrei da minha mãe da infância!
Me surpreendi de tê-la ainda viva em mim.
E, apesar da pele fina, como papel de seda; apesar da musculatura esvaziada de tônus e das marcas de sol que desenham sulcos na sua pele, pude me recordar do toque macio das mãos da minha mãe.
Me lembrei de quando eu era pequena.
De quando éramos duas meninas
brincando de se amar.

MÃE ERA SOL (NOS DIAS DE LUZ)

A casa tinha paredes amarelas. Amarelo-ocre, mostarda e caramelo.
Na mesa tinha bolo e pão e queijo e refrigerante e mãe fazia festa para a gente.
Mãe me afagava e quase afogava a gente de tanto dengo.
Mãe pintava o olho com lápis escuro e o seu olhar ganhava vida e intensidade.
Mãe era sorriso largo, era fala cheia de vida.
Mãe dançava.
Mãe sorria.
Mãe era sol nos dias de luz!
Cedo entendi: mãe padecia era de alegria em excesso!

Às vezes ela saía de casa e demorava dias a voltar. A gente sentia medo de que mãe não voltasse nunca mais.
Eu temia que mãe fosse feliz em outro lugar.

Nos dias nublados, o lápis de olho escorria junto com as lágrimas que manchavam o seu rosto.
Nesses dias, em que tudo era pura tristeza e dor, eu me perguntava onde estava a minha mãe.
Nesses tais nublados, mãe ficava deitada.

E se escondida no quarto escuro.
E se esquecia de nós.
Nesses dias, eu perdia mãe
(para sempre).

EU ME SEGURO EM TI

"Há, por exemplo, um tipo de criança, e mesmo de adulto, que se apresenta encantadora, atraente e viva, e que, na situação analítica, está permanentemente divertindo ou presenteando o analista, mas que em casa está sempre irritada e sujeita à instabilidade de humor. O que Winnicott constatou é que, muitas vezes, ela não suporta mais continuar a sustentar a depressão da mãe."

(Dias, 2000)[8]

---

[8] DIAS, Elsa Oliveira. Winnicott: agressividade e teoria do amadurecimento. *Natureza Humana*, São Paulo, v. 2, n. 1, p. 9-48, jun. 2000.

Ela me chamou para ver o céu e me pegou pela mão.

Aquelas mãos pequenas de criança, carregadas de energia e sede de vida e de mundo.

Ela me pegou pela mão e disse: "*Venha, mamãe, veja o céu, ele está azul como nunca!*".

Ela me disse isso, assim, dona de uma certeza inabalável. Aquele era o céu mais azul de brigadeiro que viu na vida.

Ela me chamou para ver o céu e me puxou pela mão e me empurrou para fora da cama. (A cama fria, no quarto escuro onde me escondo — e me afundo.)

"*Venha mamãe!*"

Ela me chamou para ver o céu e dividiu comigo toda aquela beleza e encantamento.

Diante de seu entusiasmo puro de criança, eu me perguntei: "*Será que meus olhos ainda reconhecem a beleza de um céu azul? Ou será que já estão, também, tomados pela descrença?*".

Eu então me segurei naquelas mãos.

Pequenas e cheias de vida.

Mais uma vez.

Mais um céu azul.

(Ela me chamou para ver o céu e é a sua vida que me inunda.)

O DOCE DE FIGO

Mãe fazia doce.
De figo.
Catava a fruta.
No pé.
Passava em água quente.
Pelando!
Congelava a fruta.
Descascava a fruta, ainda em puro gelo.
Bloqueava assim o efeito venenoso do fruto, que deixava manchas escuras na mão.
Depois o fruto inteiro ia para panela de pedra e cozinhava dias adentro.
Mãe caprichava no açúcar. Era ele que dava a liga. Era ele que engrossava o caldo. Era ele que adoçava os dias.
Quando adolescente, a relação com mãe azedou, depois amargou de vez.
Os doces de figo permaneceram como tradição.
Às vezes como o doce, pensando em mãe.
Talvez o doce de figo fosse o jeito que ela sabia amar.
Aquele jeito demorado, trabalhoso, sistemático.

Talvez mãe tentasse conter o veneno, mas ele lhe escapulia pelos dedos, pelas palavras e pelos gestos.

Talvez o veneno é que tenha estragado o doce, apesar do açúcar do caldo.

Talvez o veneno, mãe, talvez ele tenha estragado a gente.

(Talvez por isso eu carregue hoje mãos marcadas de escuro, mãos que se escondem das vistas, envergonhadas.)

EU E OS ABACATES

Lembro da vitamina de abacate com leite que mãe fazia e do fruto amassado de pai, cheio de açúcar cristal que estralava os dentes.
Lembro do abacate.

Por detrás da casca escura e feia, protegida pelo interior suculento e macio que brilha aos olhos e distrai quem apressado cavuca a fruta, morava a semente grande e dura!
Ela se esconde no fruto.
(Eu me escondo em mim.)

Pai e mãe cavucaram fundo demais no fruto e, como fruta "*bichada*", como abacate estragado no pé, fiquei assim: encruada para a vida. Não de bicho ruim vindo de fora, mas de bicho ruim alojado por dentro. Por isso, estranho e familiar.
Pai e mãe tomaram o abacate na mão, queriam apenas comer a polpa.
"*Por que não se fazem abacates sem semente?*", disseram uma vez.

Apressados, pai e mãe não perceberam que, quando se tira do fruto o núcleo, a origem do ser, se destrói junto a possibilidade de vida e continuidade. O fruto se torna finito, na primeira mordida.

Acho que era fome o que pai e mãe tinham.
Por isso, comiam só a polpa.
Por isso, descartaram a semente, o núcleo da vida!
Por isso, não nutriram o fruto (e o futuro que morava em mim).

MENINA GRANDE

Coisa bonitinha de se ver é criança-adulta. A mistura dos gestos maduros, no corpo imaturo; as palavras difíceis que habitam boca pequena; a aparente independência que mascara a dependência desacompanhada.

Menina grande.
Em algum lugar daquele corpo pequeno habitava alguém que precisava ser maior do que era.
E assim foi sendo.
O problema é que a vida pesa nos ombros quando não se tem, ainda, esqueleto forte e firme.
E o resultado é a dor nas costas, é a solidão crônica, é a dificuldade em pedir ajuda, é um ressentimento que precisa, em algum momento, ser reconhecido e então abandonado. Só assim a vida pode acontecer, a seu modo.

Menina grande.
É necessário voltar atrás, inaugurar o que ficou pendente. Alcançar uma fluidez de vida, a experiência de leveza, a espontaneidade — essa coisa bonita, que só as crianças sabem usar.

Menina grande.
Talvez seja hora de ser criança pela primeira vez.
(Por isso, no seu aniversário ela apagou as velas e fez um desejo profundo e honesto: "*Que eu fique velha em idade, mas que não me falte tempo de ser pequena outra vez!*".)

EU SOU PESADA

Eu sou pesada e poderia me utilizar dos versos de Drummond[9] e dizer que são os meus ombros que sustentam o mundo.

Mas não.

Não farei de outros os donos das minhas palavras.

Sinto em mim a necessidade premente de dizer em verbo próprio, vocabulário pessoal que forneça contorno e vida para o que se passa em mim.

"*Eu sou pesada.*"

E a clareza das palavras afasta a nebulosidade e me permite ver.

São os meus pés que carregam um corpo encarnado em vazios e desamparos mil.

"*Eu sou pesada.*"

E acumulo desassossegos.

Coleciono faltas, falhas, experiências desacompanhadas.

"*Eu sou pesada.*"

E, quando a minha necessidade se apresenta como urgência, desconfio.

Desacredito na verdade do meu corpo.

---

[9] Referência ao poema de Carlos Drummond de Andrade, "Os ombros suportam o mundo".

Duvido da existência de quem forneça braço firme, sobrevivência e inteireza.

Então, balanço.

Oscilo e sinto o chão embaixo dos meus pés se abrir.

São os meus pés que sustentam o mundo e eles hesitam.

Por isso, eu nem posso desabar.

PRODUZO, LOGO EXISTO

Se eu te respondo às 11 da noite, você vibra com a minha disponibilidade para o trabalho.

Se eu estendo a jornada de um dia de atendimento, encaixando novos pacientes, os meus pares me felicitam pelo sucesso estampado na agenda lotada.

Se eu reclamo, nas rodinhas de amigos, sobre a minha falta de tempo, eu me sinto útil, importante, e eles me olham, admirados.

Se me faltam horas de sono e tempo para a atividade física e para o lazer e para o livro encostado na cabeceira, você me consola dizendo que é assim mesmo para todos nós: "*Tempos corridos os nossos!*".

Se eu aponto o que me adoece, você naturaliza, e suas palavras viram eco e amplificam o discurso que nos envolve a todos: "*Só existimos no fazer, na atividade acelerada, por isso nos empurramos para a produtividade desenfreada de todos os dias!*".

A verdade é que, no final do dia, nos encontramos esgotados.

O cansaço do corpo e da mente torna-se um modo de estar vivo.

Por isso, seguimos.

Adoecidos.

E se um dia me pego pensando em parar ou pausar, uma voz em mim logo anuncia: "*Seu valor está em sua utilidade para o mundo!*".

Então me apego ao trabalho e me confundo com ele.
"*O que sou nas horas livres, nos momentinhos de suspiro e pausa da vida?*"

Se um dia me questiono se a minha vida é mesmo feliz, me censuram: "*Deve estar deprimida!*", disseram os mais próximos.
É quando me medico.
E assim me escondo, em mim mesma, enquanto sigo, acelerada, a agenda de compromissos do dia.
(Solidão silenciosa essa, da produtividade!)

DEIXA O CELULAR

Deixa o celular de lado e olha em frente.
Encara o ócio, o vazio, a falta do que fazer.
Encara o incômodo do corpo inerte, parado.
Sinta-o.
(O vazio compõe também o estar vivo.)

Deixa o celular de lado.
Acalme os olhos e a cabeça pensante.
Saia do entorpecimento das imagens.
A enxurrada de conteúdo apenas te mantém distraído e faminto (de algo que você nem sequer sabe o que é).

Deixa o celular de lado.
Subverta as métricas.
Não se afilie, apressadamente, ao próximo aplicativo da moda.
Pare e aviste de longe: *Para onde estamos indo? Para onde você quer ir?*
(Mantenha a mente lúcida para não se confundir sobre quem é o sujeito e a ferramenta aqui.)

Deixe o celular de lado e esteja em si.
Seja presença e habite-se por dentro.

A ALEGRIA DO SILÊNCIO

É na quietude do dia, nos momentos de silêncio, que existo em mim.
É a calmaria dos gestos e os olhos fechados que me convidam a adentrar.
É quando me percebo aturdida: *"Tenho morado pouco em mim!"*.
Então me lembro de respirar e inspiro.
Fundo.
Ocupando lugares outros no meu corpo.

É na gentileza dos gestos, no silêncio das palavras que a mente se acalma e põe-se aberta para sentir o vento na pele.
Nessas horas, encarno novamente.

É na quietude do dia, nos momentos de silêncio, que existo em mim.
Repito o mantra.
Uma vez.
E mais outra.
E outra.
(Como que para me lembrar, como que para me encontrar.)

CAFÉ E VÓ

Vó esquentava água na chaleira antiga.
A água demorava até ferver.
Quando as borbulhas tomavam conta, vó coava o café.

O cheiro do café de vó enchia a casa.
Ultrapassava as paredes da cozinha, onde os adultos se reuniam em torno da mesa.

O café de vó alcançava o quarto das crianças e de lá a gente corria e se aprumava embaixo da mesa para ver os pés das sandálias, os sapatos dos homens e suas conversas.

Por debaixo da mesa, a gente observava o mundo dos adultos, como quem espiava o futuro.

Por debaixo da mesa, eu só tinha olhos para os pés de vó, aqueles que iam de lá para cá.

A garrafa de café coado na mesa, o queijo fresco, cortado em lascas grossas, o biscoito caseiro. Vó servia a mesa e nos servia de vida.

Vó dizia que era o coador de pano que garantia aroma e sabor único ao café.
Coador de pano, antigo, carregado das marcas de cafés demorados.
O coador de pano era o segredo de vó.

Mas hoje, enquanto tomava o meu café, coado em coador de pano, percebi que o gosto não era o mesmo do café de vó, foi quando me dei conta:

"*Não era o coador antigo, Vó, era sua mão amorosa que preenchia de amor os nossos cafés e os nossos dias!*".

(Nessas horas bate uma saudade.
Saudade do tempo de vó!)

DESPEDIDA

(A analista ouve relatos de vida e de morte.)

Segura a minha mão, vai! Mas segure direito. Dê a ela morada no seu corpo; garanta o seu calor, deixe que ela sinta o toque da sua pele.

(É pelo espaço pequeno e delicado das mãos que podemos estar agora juntas.)

Vá! Segure a minha mão, sem medo, sem receio de que esse seja o último dia.

Não se acovarde se nos despedirmos sem palavra (talvez em algum momento você compreenda o privilégio de estar com os seus, na hora do adeus).

Segure a minha mão, sem medo de que eu desabe e chore o medo da morte, o choro do lamento da vida mal vivida, o choro dos arrependimentos mil.

Segure a minha mão se a fé balançar.

Será que a vida se acaba aqui, minha filha?

Nessas horas, em que a angústia falar em meu nome, segure a minha mão com mais força ainda. Seja presença viva e me assegure que estará ali, na hora fatídica: a da despedida final.

Segure a minha mão, minha filha, eu tão velha, você com toda a juventude pela frente.

Segure a minha mão e não tema o fim que se impõe como parte da vida, soberana.

Segure a minha mão, querida, e acalme o seu coração.

Permanecerei viva e pulsante em você.

(Elas se despedem, sem palavras, mas de mãos dadas.)

ELE BRINCA DE SER MULHER

Ele passou batom.
Vermelho.
Vermelho vivo, cor de sangue.
Vermelho "cor da paixão", como disse — em meio à piadas e gracejos.

Ele colocou vestido.
Colado.
Com saia.
Rodada.
E preencheu o volume dos seios com tecido e espuma.
E emprestou o tamanco de mãe — aquele que deixava o calcanhar escapulir pro lado de fora.
Ele se deu conta que, quando criança, não pôde brincar com coisas de mãe. Não pôde pensar-se mulher. Por isso, empobreceu-se.

Brinca agora, em meio à folia, de ser caricatura de mulher.
Por isso, quando anda, rebola.
E requebra os quadris enquanto corre atrás de uma cerveja gelada.

No Carnaval, ele brinca.
De ser mulher.

E ri quando o amigo lhe aperta os seios fartos de tecido.

Ele brinca de ser mulher.
E, por serem homens,
eles riem.

(O riso solto revela: o moço não compreende a violência daqueles que tomam o corpo de mulher como coisa, em pleno Carnaval.)

EU NÃO SEI AMAR

No último encontro, na última noite de sexo interrompido, ela anuncia a sentença: "*Está tudo acabado!*".

Ela listou as insatisfações, nomeou a incompletude, pontuou os desencontros (na cama e na vida).

Ela reclamou da distância e da falta de contato: "*Você não me vê, não me ouve, não me enxerga!*".

Ela vociferou aos quatro cantos, e ele, resignado, ouviu.

Tentou se agarrar a algum novo argumento, mas todos já haviam sido usados.

Não havia mais nada a ser dito, a não ser a verdade: Ele não sabia amar!

No alto da desesperança, ele assistiu ela ir embora.

Por um minuto, pensou que deveria agarrá-la com força e firmeza.

Deveria lhe pedir para ficar, mas lhe faltava a verdade da alma, a força vital.

Por isso, ela foi embora certa de que ele nunca a amou.

Fantasiou que haveria amantes e desejos outros.

Imaginou uma capacidade amorosa que ainda não existia.

Na cama, sozinho, ele pensou que a culpa devia ser da mãe deprimida que teve, aquela que não sobreviveu ao seu amor voraz de criança.

Viu-se então tomado por uma constatação radical e confessou para si mesmo, em voz alta:

"*Eu não posso. Eu não sei amar!*".

A verdade nunca tinha lhe parecido **tão clara** e libertadora.

NOSSAS MÃOS SE TOCAM

Hoje eu entendo.

Aqueles casais tomados por uma alegria singela, simplória, carregados de mochila, de carrinho de bebê.

Aqueles casais, de vida abarrotada após a chegada de um filho.

Hoje eu entendo os clichês e tento evitá-los.

Hoje eu entendo quando meus olhos buscam a mulher e o homem que habitam cada pai e mãe. Tento assim nos encontrar e me lembrar do que somos para além das funções de cuidado.

Entrevejo, é claro, os novos embates.

Reconheço o cansaço que se acumula nas tensões do corpo e do espírito resultando em afetos exaltados. Prevejo os abismos que podem se instalar entre nós.

Por isso, me atento às suas mãos, aquelas que despretensiosas encontram os dedos meus, quase sem querer.

Talvez nossas mãos não se peguem mais com a mesma paixão de outrora.

Talvez se toquem, sem querer querendo, no intervalo entre os cuidados com o bebê enquanto prometem, para si mesmas, mais tempo para estarem juntas.

As nossas mãos se tocam sem querer, querendo!

E é nesse amor, de carne e osso, que me guardo!

PARTE 3

A ANALISTA NA QUARENTENA
(A FUNÇÃO DE CUIDADO EM TEMPOS DIFÍCEIS)

A NEUTRALIDADE

Nos ensinaram uma tal de neutralidade e nos disseram que ela seria útil na clínica.

Nos ensinaram que o recuo da analista era condição da análise, evitando assim misturas indesejáveis que comprometeriam o processo analítico.

Nos ensinaram o uso do divã como recurso para o acesso ao inconsciente e meio de manter o paciente protegido do nosso olhar e de nossas interferências (talvez com isso ele se sentisse liberado a falar livremente).

Nos ensinaram a assumir uma distância entre analista e analisando, mas de repente os muros do consultório caíram.
A pandemia se mostrou implacável e atingiu a todos nós, sem restrição.
A neutralidade se revelou uma ilusão.

Será que nos escondíamos por trás do nome "analista", menos humano e mais função?

ATENDIMENTO REMOTO

Quando atendo, me envolvo naquele encontro e quando menos espero me transporto para um lugar que não é mais aqui na minha sala.

É um espaço do entre: entre eu e você, meio meu e meio seu. Localizado no intervalo remoto entre o mundo subjetivo e o objetivo. É esse o nosso espaço!

Permanecemos lá durante toda a sessão e brincamos juntos dessa coisa séria chamada psicanálise[10].

É lá que a realidade subjetiva se presentifica, as necessidades, as marcas, as falhas.

É onde as experiências integrativas podem acontecer.

Permanecemos lá, até que o tempo nos chame, anunciando o fim.

E não estamos mais no mesmo espaço físico.

E não iremos nos despedir como habitualmente.

Permaneceremos cada um no seu mundo, o nosso mundo objetivo.

Eu aqui, na minha casa; você, aí na sua.

Tão perto e tão longe...

(Coisas desse nosso novo tempo...)

---

[10] Referência à citação de Winnicott: "*O natural [universal] é o brincar, e o fenômeno altamente aperfeiçoado do século XX é a psicanálise*", presente no texto "O brincar. Uma exposição teórica", de 1968.

25º DIA DA QUARENTENA

"Olha a pamonha, o abacaxi, a mexerica, a dúzia de ovos!"

Todas as quintas às 16 horas se anunciam as vendas sortidas na rua de casa.
Ótimos preços e oportunidades acompanham as minhas sessões!

De vez em quando, o paciente se dá conta da trilha sonora e rimos da vida lá fora que, singela, insiste em nos invadir.

Em outros momentos, a banalidade que acompanha a rua destoa da dureza do que se fala aqui dentro.

É assim o atendimento *home office*, com todas as suas limitações e particularidades.
A antiga ideia de *setting* se descontrói cotidianamente.

Adeus à ideia de *setting* imperturbado e neutro.
A vida tem nos invadido ultimamente!

58º DIA DE QUARENTENA

Não temos mais o fundo musical de antes. Nada da música na minha sala de espera.

Volta e meia somos, agora, acompanhados pelo cachorro do vizinho que insiste em latir.

Volta e meia, seu filho aparece batendo na porta chamando por você.

Adeus ao *setting* ideal como nos ensinaram os livros. Adeus ao silêncio, ao espaço neutro, ao olho no olho. Somos agora atravessados pela vida, por seus ruídos de todo tipo.

Nada de cortes e intervenções afiadas. Estamos lidando é com a queda da internet e precisamos de paciência para reiniciar o aplicativo e continuar a sessão.

E com isso nos tornamos craques na arte de retomar a conversa de onde paramos e aprendemos a rir dessas intromissões!

Temos aprendido a silenciar as urgências do mundo, a driblar as interrupções e seguir em nosso encontro analítico!
(O desejo de continuar nunca foi colocado tanto à prova!)

69º DIA DE QUARENTENA

Tenho saudade da minha vista da janela e de poder sentar lá tomando o café, vendo o horizonte, os prédios e imaginando as vidas que moram por detrás daquelas janelas.

Tenho saudade dos momentos de pausa e intervalo que me permitiam descer e comer um pão de queijo quentinho.

Saudade de pegar os livros e folheá-los procurando coisas específicas e encontrando outras (me surpreendendo, sempre, com o quanto ainda há para ser estudado!).

Saudade do toque na campainha anunciando a chegada de um paciente.

Saudade do olho no olho sem intermediação da tela.

Saudade do meu consultório e de como a vida parecia pacata e a gente nem sabia.

A PANDEMIA E O MEU AMOR

"Ontem o meu amor me chamou para ver o céu, cheio de estrelas. Meu amor me chamou para parar tudo e apenas ver, olhar, contemplar em silêncio.

Ontem meu amor me chamou para ver o céu e encontrar no brilho de cada pontinho de estrela um lugar de respiro em meio ao caos.

Ontem o meu amor me chamou para ver o céu e fomos tomados por essa imensidão que nos acolhe e nos suporta (e o céu sem nuvens nos iluminou de planetas e astros).

Eu e meu amor concluímos: *"Como somos pequenos e frágeis em meio a isso tudo!"*.

Suspiramos juntos e desejamos dividir aquele céu com outros de nossos amores, mas não era seguro, ainda!

Eu e meu amor pedimos um sinal, divino, que viesse lá de cima, e nos dissesse que tudo ficará bem, que a dor e o horror são passageiros.

Ficamos lá, eu e meu amor, aguardando um sinal do céu...

Até que o céu piscou para nós...

... ou fomos nós que piscamos para ele?

(Escolhemos juntos esperançar!)

112º DIA DE QUARENTENA

Hoje eu tive um sonho. Nada de preocupação ou medo. Sonhei que atravessava a rua e que algo, ou alguém, me esperava do outro lado.

Ao botar os pés na rua me dei conta de que poderia vir um carro e me apressei a passar. Foi aí que eu corri...

Corri e o sonho ganhou outro ritmo — de câmera lenta — e fiquei ali, flutuando, no movimento das pernas, uma em frente à outra, como se me preparasse para a largada...

Senti o corpo leve, leve, como pluma que cortava o vento. O cabelo deixado para trás denunciava o caminho feito. A cada passada eu saía do chão e voltava, protegida dos impactos e das imperfeições da rua.

Nada me atrapalhava, nada era obstáculo ou empecilho. Era só eu, correndo. Era só a fluidez do corpo voando em corrida, me fazendo livre outra vez!

Entendi que não importava atravessar a via ou chegar em lugar algum.

Era a corrida, o sonho!
Era o desejo de liberdade a mensagem!

195º DIA: CONFISSÕES DA QUARENTENA

Três gatos, dois cachorros, algumas crianças correndo ao fundo, que de vez em quando aparecem na tela e me cumprimentam.

Os pacientes dizem: "*Essa é a analista, a amiga da mamãe*". É assim que sou, carinhosamente, apresentada para os filhos que invadem o quarto no meio da sessão.

Visitei algumas salas, escritórios e até banheiros — cuja acústica, inclusive, é ótima para quem quer se ouvir melhor!

Conheci detalhes da decoração e soube do significado do quadro que enfeita a parede do fundo da tela.
O atendimento on-line tem dessas coisas: a intimidade compartilhada no espaço concreto, físico, da sua casa e da minha casa.

Agora não é apenas o meu espaço que te acolhe, é o seu também que me recebe e me revela você!

PARTE 4

ANALISTA-MÃE

(CONFISSÕES DA ANALISTA E A MATERNIDADE)

ANALISTA-MÃE

Bicho híbrido.
Meio profissional;
meio gente;
meio psicanalista;
meio mãe coruja.
Neologismo que amplia e humaniza quem cuida.
Analista-mãe.

(Lugar-experiência que mexe e remexe com algumas certezas e convicções da analista.)

COMUNICAÇÃO (SILENCIOSA)

Quando a barriga começou a aparecer, os pacientes não viram.

A câmera escondia a inteireza do corpo.

Por isso, não puderam acompanhar as mudanças no contorno e nas curvas que revelariam a notícia: *a analista está grávida!*

A analista precisaria então comunicar a gravidez e a presença do bebê, um terceiro no *setting*.

Enquanto aguardava o momento da anunciação, se deparou com uma paciente que se adiantou ao dizer:

— *Sonhei com você e você estava grávida!*

O sonho antecipava a notícia e preparava a paciente para o que estava por vir.

O sonho era amostra da comunicação, silenciosa, estabelecida entre analista e paciente.

Diante disso, a analista pode dizer:

— *Era um sonho, querida, que virou realidade!*

O CUIDADO E OS MAMÕES

No supermercado escolho mamões para meu café da manhã.
Coloco-os no saco, com cuidado.
Não quero amassar meus mamões de casca lisa e alaranjada.

Quando acomodo os mamões no saco fino me dou conta de um furo que faz meus mamões escapulirem.
Vejo meus mamões se esparramarem pelo chão.

Lamento pela casca alaranjada ferida na queda.
Lamento pelos estragos no caminho.
Lamento pelo que me escapa pelas mãos.

Ajeito o vestido que abriga a barriga saliente de mulher grávida e me preparo para catar os meus mamões no chão.
É quando me deparo com mãos desconhecidas e ligeiras.
Mãos que se apressam em catar os meus mamões!
Salvam-nos de rolarem eternamente para o espaço vazio entre as gôndolas.
Salvam-nos de se perderem para sempre.

Nunca havia visto mãos tão ligeiras se apressarem por mim.
Era sempre eu quem catava a fruta, a vida, uma a uma.
Agora, mãos desconhecidas se antecipavam ao meu gesto.
Mãos desconhecidas cuidavam de mim.
E eu podia enfim inaugurar outras impressões e registros do mundo.

A MENINA ESTAVA POR VIR

Um sonho me contou.

Da pequena.

Era em formato de bulbo flor, a desabrochar.

Do miolo, acendia a luz forte, ora amarelada, ora lilás, que iluminava tudo em volta.

Entendi o que o sonho me contava: *Ela viria em corpo de menina!*

(Semanas depois a tecnologia da sexagem fetal confirmou o sonho-intuição da mãe.)

A verdade é que o sonho me contou!

Se o sonho era realização de desejo, eu nem sei!

A psicanálise me pareceu pragmática demais. Inapropriada.

Por isso, achei prudente preservar o sonho.

Protegê-lo da racionalização excessiva, da intelectualização que reduz toda experiência em explicação.

Eu me esqueci da psicanálise.

E me esqueci da analista que eu era.

Eu era apenas o meu sonho.

E o mistério que nascia em mim.

A POLTRONA

Experimento a poltrona.
Estico-me.
Busco o encosto para a cabeça.
Sinto a coluna afundada.
"Não! Essa não acolhe a coluna, já sinto incômodos só de pensar!"

Vivo o *test drive*: Sou uma mãe, em busca da poltrona de amamentação!
Aquela que acolhe o corpo de quem cuida!
Foi assim também com a primeira poltrona do consultório.
Era necessário apoio para o corpo, capaz de acomodá-lo horas a fio, na rotina diária de trabalho.

A poltrona.
Materialização do suporte que acolhe o corpo daquela que cuida e se disponibiliza para ser sustento para o outro (o bebê ou o paciente no consultório).

De longe avisto a poltrona, escondida.
O encosto alto me convida a experimentá-la.
Acomodo a cabeça e fecho os olhos.
Sinto a coluna encaixada, o dorso acolhido, os braços apoiados ergonomicamente.

Consigo enfim me sentir acomodada, recebida no colo daquele estofado macio.

"*É essa! A escolhida!*"

A mãe acolhida pode, então, cuidar.
(E a saga pela poltrona perfeita, finalmente, chegava ao fim!)

UM PRESENTE PARA A ANALISTA

Um presente chegou na porta da analista: sapatinhos de bebê costurados à mão pela avó de uma paciente, acompanhados de carta escrita a próprio punho com palavras gentis e um cheirinho gostoso que invadiu o consultório quando a caixa de correio se abriu!

Contrariando os analistas mais ortodoxos, a analista não devolveu o presente.
Não interpretou o gesto.
Não interpelou por uma possível demanda de amor.

A analista recebeu o presente e se pôs a pensar:
os pacientes fazem gestos amorosos, é preciso aprender a recebê-los!

O presente era então gesto de cuidado e reparação. A analista enfim compreendia: seu trabalho incluía oferecer cuidado e, hora e outra, receber amor.

CHUTE

Chutes aqui e acolá lembram a analista, em atendimento remoto, do corpo escondido.

No corpo, negligenciado pelo enquadre da câmera, há uma bebê que dá cambalhotas em meio ao líquido amniótico, esticando os braços com força e testando os limites do útero.

Entre uma intervenção e outra, entre histórias e testemunhos de lágrimas soltas, a bebê se manifesta viva através de chutes, aqui e acolá.

Revela-se ali o corpo elástico de mulher, esse que se empresta para gestação do ser.

O bebê na barriga.

O paciente do outro lado da câmera.

LICENÇA: MATERNIDADE!

A analista se afasta do trabalho. Não se tratam de férias dessa vez: é chegado o tempo do nascimento.

Toda a gestação a convida para um processo de interiorização e quietude.

A postura ativa, resolutiva, produtiva de outrora cede espaço para a atitude de espera e entrega. Aos poucos, o corpo poderá ser só a experiência que lhe cabe: nascedouro do ser!

A analista-mãe se deixa levar por uma certa loucura bem-vinda, a conhecida preocupação materna primária[11], que permitirá a identificação profunda com sua bebê, recém chegada ao mundo.

Por isso, a analista-mãe afasta-se, provisoriamente, daqueles de quem cuidou por tanto tempo. Vive a despedida e experimenta, pela primeira vez, a ausência do consultório por tempo tão prolongado.

Logo, a analista-mãe, se dará conta de que o trabalho da análise é também uma forma gestar (ela não havia ainda pensado sobre isso!).

---

[11] Trata-se de um estado de sensibilidade alcançado pela mãe ou cuidador primordial que os torna sensíveis às necessidades básicas do bebê no início da vida. Poderia ser considerado um adoecimento, um estado de retraimento ou dissociação caso desconsiderássemos a chegada e a presença do bebê. No entanto, configura-se um estado importante e desejável, cuja permanência é temporária, tendendo a se extinguir algumas semanas ou meses após o parto. Winnicott descreve mais especificamente essa noção no artigo "Preocupação materna primária" (1956), no livro "*Da Pediatria à Psicanálise*" (2020/1975)

Perceberá que, por tantas vezes, também foi corpo gestante do ser que chegava à análise marcado pela dor e pelas interrupções da vida.

Agora é a mãe que se coloca em primeiro plano.

É chegada a hora de encontrar aquela que já lhe habita a cabeça, a mente e o coração.

MAIÔ AZUL

Naqueles dias de janeiro chuvoso, o sol se abriu.

Coloquei o maiô azul, aquele com recorte na barriga que acomodava você, grudada à minha pele e à roupa de verão.

Estávamos então juntas, tomando sol, pela primeira vez!

Deitada, sobre a toalha felpuda, eu sonhava você, seus olhos, seu cabelo, sua pele macia como só os bebês têm.

Foi então que me lembrei do livro, que dizia que a luz do sol chegava, modificada, dentro da barriga, e imaginei você, uma bebê gordinha de biquíni, tomando sol comigo.

Isso me fez feliz!

"Tomar sol — de olhos bem fechados — traz calmaria", eu disse para você, na barriga.

Talvez isso conecte a gente com a parte de dentro, a parte quente e luminosa que nos habita a todos.

Em meio ao protetor solar e os ombros vermelhos que anunciavam o ardor dos próximos dias, eu me dei conta: não era só o sol que me iluminava, era você — a luz que vinha de dentro de mim!

(Eu ainda não sabia, mas aquele dia de sol seria o nosso dia: o dia que daria à luz a você!)

CESÁREA

Cuidei de como seria a sua chegada.
Me cerquei de mulheres. Compreendi que era por meios delas que minha bebê, menina-mulher, chegaria ao mundo.

Estudei sobre o parto, as posições, as indicações, as violências obstétricas enumeradas para que eu me protegesse delas
Informação é poder que bicho-mãe precisa usar a seu favor.
Escrevi meus planos e desejei muitas coisas para o nosso encontro.

A vida, no entanto, acontece do jeito que dá.
Foi assim que encarei a nossa mudança de rota.

Com a anestesia e as pernas adormecidas, o tremor tomou conta do corpo fazendo-o balançar.
Era a falta de controle que me acompanharia a partir de sua chegada.

A doula massageou os meus ombros me lembrando do ritmo calmo da respiração: era necessário respirar fundo para o temor-tremor passar.
Era necessário abrir-se para o desconhecido, para entrega profunda que pedia passagem em mim.

Foi então que descobri que a mãe é vocacionada a trazer vida — não importam os percalços.
Foi então que descobri que parto é entrega — não importa a via!

A doula tinha toda a razão: era necessário respirar fundo para o temor-tremor passar.

E ele passou quando você chegou aos meus braços!

(A minha cesárea ainda permanece viva em mim.
E ela tem a idade da minha filha!)

A VIDA FOI TOMADA

Enquanto a segurava nos braços, olhava do alto (da minha ignorância) aquela coisa pequena e frágil: "*Como nós, animal humano, nascemos despreparados para o mundo!*".

Eu a segurava nos braços e olhava do alto (da minha ignorância) sem me dar conta que ela também me carregava.

Enquanto a barriga crescia, eu me surpreendia com o corpo de mulher: esse capaz de produzir outros seres.

Enquanto a barriga crescia, eu me dava conta: eu gestava ela, mas também a mim!

Enquanto ela se aconchegava no meu corpo, eu descobria que podia ser refúgio, morada e acolhida para alguém (para ela e, quem sabe, para mim).

Enquanto ela repousava a cabeça no meu peito e ouvia o meu fluxo sanguíneo — como outrora fizera lá no útero —, eu acompanhava o sobe e desce da barriguinha, o ritmo da respiração, me certificando, aliviada:

"*Ela vive! Eu vivo!*"

(Éramos ninadas pelo ritmo de nossos corpos, respiração e coração — amorosa harmonia essa!)

CONFISSÕES DA MÃE QUE HABITA O PUERPÉRIO

Lágrimas escorrem do rosto da mãe.

Ela se olha no espelho.

Horas mal dormidas de sono já se revelam no semblante, na pele que pede sol.

Lágrimas escorrem do rosto da mãe.

Ela se olha no espelho, mas não se vê mais a mesma.

A mãe se olha no espelho e reconhece em si as mesmas partes, os mesmos traços do rosto da bebê que carrega nos braços.

E não, não se trata só da semelhança genética ou da herança dos traços.

A mãe se olha no espelho e se vê misturada na bebê, vê em si a bebê — aquela que carrega nos braços e aquela que foi um dia!

Experimenta, com a bebê, a fragilidade de quem começa a vida dependente.

O mesmo olhar por vezes angustiado e perdido, o mesmo franzir da testa tenso, a mesma sensibilidade à luz, o mesmo sorriso de canto de boca.

Diante disso, a mãe se sente meio confusa, ensandecida.

Esquece tudo o que estudou.

A mãe identifica-se profundamente com a bebê e por isso se vê nela. E é por se ver ali, no pequeno ser em fundação, que ela compreende suas necessidades mais primitivas.

A mãe então cultiva a penumbra.

A mãe acolhe a dependência (enquanto a vive em sua própria pele).

A AMAMENTAÇÃO

"*Estes dois, a mãe e o recém-nascido, estão prontos a unirem-se mutuamente pelos tremendamente poderosos laços do amor, e naturalmente, terão primeiro que se conhecer um ao outro antes de aceitarem grandes riscos emocionais envolvidos. Assim que chegarem a uma compreensão mútua — que pode acontecer logo ou só depois de alguma luta — passam a confiar no outro e a entender-se reciprocamente, e a alimentação começa a cuidar de si própria.*"

(Winnicott, 1945)[12]

---

[12] Winnicott, D. W. (1945). Alimentação do bebê. *In*: Winnicott, D. W. *A criança e o seu mundo* (1982). Rio de Janeiro: Grupo Editorial Nacional.

Seio bom. Seio mau. Primeira Mamada teórica.

A analista ouviu bastante sobre o assunto, anos adentro.

Sabe da importância da relação inicial com esse objeto parcial que é o seio.

Sabe que se edificam ali as raízes da relação do bebê com o mundo, com o outro, com o alimento.

Sabe que é por meio do impulso amoroso primitivo[13] que o bebê toma o mundo, faminto que é, avido por experiências e contato.

A analista-mãe sabe da importância da amamentação e empresta o corpo ao bebê. O encontro, no entanto, de ideal não tem nada:
— *Winnicott tinha razão: danado desses bebês que mastigam o mamilo antes mesmo de aprender a sugá-lo!*

Nessas horas, em que a realidade da vida se interpõe, é necessário que a mãe se desapegue do ideal; é necessário que a analista que a habita esqueça o seio bom, o seio mau, a primeira mamada teórica.

A mãe se engajará em descobrir o que é dar de mamar, em ato, e não em teoria.

Oferecerá o seio e dessa vez pedirá que a bebê abra bem a boquinha.

E como que por um milagre, desses próprios do mundo das mães e dos bebês, a pequena compreenderá as palavras e, como se pedisse licença, se encaixará no seio da mãe.

Finalmente, a bebê mama.

A mãe torna-se alimento.

O encontro se dá!

---

[13] Para Winnicott, nos estados excitados, surgem impulsos (*drives*), que têm caráter de urgências que decorrem da vitalidade do bebê. Winnicott dirá que "o impulso amoroso primitivo tem uma qualidade destrutiva apesar de o objetivo do bebê não ser a destruição, já que o impulso é experimentado na era de pré-compadecimento" (1958). Para saber mais, vale retornar ao artigo "Agressão e sua relação com o desenvolvimento emocional", presente no livro *Da pediatria à psicanálise*.

O QUE LHE PEÇO, MÃE

Nutre-me, mãe, para além do alimento que respinga na minha boca.

Nutra-me do leite, fruto do seu corpo e do acolhimento que sustenta meu gesto.

Nutra-me da ilusão (de onipotência) e permita que eu me sinta *Tudo*, todo o mundo e o Universo.
(Deixe que com isso eu me sinta Deusa por tempo suficiente para me encantar pelo mundo criado por mim!)

Deixe-me, mãe, ficar pele a pele com você. Deixe que eu sinta o cheiro do seu cabelo, que eu o pegue enquanto me faço dormir em você.

Deixe-me com isso inaugurar a experiência de profunda intimidade com alguém, por meio e através do contato do corpo.

Deixe-me, mãe, tomar todos os seus pensamentos, suas noites de sono mal dormidas, seus horários interrompidos de trabalho.
Acolha em si toda raiva, frustração, cansaço que essa entrega exige, mas não negue o sentimento, mãe!

A dissimulação e a falta de lealdade corroem as relações mais delicadas, desde o seu início.

Deixe que eu experimente, com você, uma relação inteira, composta pelas ambivalências, e permita que, com isso, eu possa integrar, em mim, o amor e o ódio.

Deixe-me, mãe, ficar um pouco mais nesse colo quente — haverá tempo o suficiente para andar sozinha vida afora.

E deixe-me, mãe, ser pequena o tempo necessário para crescer, de dentro para fora!
(Com isso serei mais forte e inteira!)

EM DEFESA DO COLO

A bebê mama, dorme, chora.
Vez ou outra é necessário trocar a fralda.
Vez ou outra um desconforto na barriga anuncia a cólica.

A bebê mama, dorme, chora e é puro verbo-vivo: *ser* em estado de ebulição, ansioso que lhe ofereçam suporte e sustentação.
Por isso, a pego no colo (a bebê, esse bichinho não integrado).
Junto-lhe os pedaços com os meus braços.
É verdade que a cabeça ainda pesa mais do que o pescoço aguenta suportar, por isso ela tomba para trás. Os braços tomados por espasmos denunciam — ainda — o efeito do reflexo de Moro — esse que, de repente, oferece à bebê alguma consciência das partes.
Nessas horas, a bebê se assusta e chora.
Percebe-se não integrada!

Por isso, a pego no colo.
E ofereço o tônus dos meus braços e o calor da pele — esses que acalmam a bebê das incertezas do início.
As más línguas dirão que há, aqui, colo em excesso.
Defendem que o bebê precisa, desde cedo, aprender a ficar a sós.

Desconhecem que a experiência de solidão só se configura saudável e possível quando vem depois da experiência de se estar bem acompanhada.[14]

Desconhecem as necessidades mais sutis que acompanham o filhote humano.

Por isso, a mãe oferece colo.

E ignora os conselhos.

Estes são econômicos demais na arte de amar!

---

[14] Winnicott, D. W. (1958). A capacidade de ficar sozinho. *In*: Winnicott, D. W. (2022). *Processos de amadurecimento e ambiente facilitador*. São Paulo: UBU.

NO INÍCIO ERA TUDO UM

A bebê era parte do corpo da mãe.
Entranha.
Então pulsavam, ambas, no mesmo ritmo de coração; dividiam nutrientes; compartilhavam ar, oxigênio — combustível para os pulmões e para a vida.

O observador, do lado de fora, via a mãe, a barriga, e imaginava a bebê.
Quando enfim chega a hora do nascimento, a bebê deixa a barriga de mãe e encontra em seu colo morada.
O corpo da mãe imprime cadência à bebê.
Se agitada, ansiosa, amedrontada, a mãe comunica o temor do mundo; se tomada pela depressão, faltará vitalidade necessária para nutrir de vida a recém-chegada; se instável pela ausência de cobertura protetora[15], sentirá, a bebê, a inconstância dos cuidados, efeito da sobrecarga e da solidão materna.

O observador, do lado de fora, reconhece a existência de duas, mãe e bebê, mas, tomado pela dependência que marca a dupla, concluirá: "*Não existe essa coisa chamada 'o bebê*'"[16].
A bebê é o cuidado que recebe; é o colo que a sustenta; é o ambiente que a circula.

---

[15] Leia mais sobre o tema no texto "O relacionamento inicial entre uma mãe e seu bebê" (1960), de Winnicott, presente no livro *Família e o desenvolvimento individual*.

[16] Referência à ideia apresentada por Winnicott no livro *Natureza humana* (1988), onde o autor destaca que, no início da vida, o bebê é frágil demais para sustentar existência própria e independente, o que chamamos "bebê" é na verdade o resultado dos cuidados recebidos.

AQUELES OLHOS QUE ME OLHAM

Aqueles olhos cor de mel olham para mim.

Aqueles olhos cheios de vida miram o meu rosto enquanto amamento.

Há um brilho ali inominável.

Há, entre nós, uma intimidade indecifrável.

Eu conheço aqueles olhos.

Eu conheço o fundo daquele olhar cor de mel e meu.

Também já fui eu a bebê que olhou os olhos verdes de minha mãe.

Desde lá tanto aconteceu.

Tanto encontro e desencontro.

Talvez eu tenha perdido os olhos de minha mãe (talvez por isso me perca).

Talvez eu nunca os tenha tido, assim, dessa forma.

Talvez eu ainda os tenha.

Talvez, eu tenha!

A MAMADA

"[...] a alimentação do bebê constitui apenas uma parte, umas das mais importantes, é certo, de uma relação entre dois seres humanos. Estes dois, a mãe e o recém-nascido, estão prontos a unirem-se mutuamente pelos tremendamente poderosos laços de amor e, naturalmente, terão primeiro de se conhecer um ao outro antes de aceitarem os grandes riscos emocionais envolvidos."
(Winnicott, 1945)[17]

No mundo ideal cada mamada é pura conexão.

A vida real é mais honesta e, por isso, menos idealizada!

Nela, a mãe se distrai por alguns minutos, segundos que sejam, enquanto a bebê suga o seio.

A mãe é levada por seus pensamentos para longe...

Por lá permanece algum tempo até que é convocada pela sucção acelerada da bebê, que a acompanha com olhos atentos, como se aguardasse o momento da mãe retornar, com presença, inteira, outra vez!

A mãe então retorna.

---

[17] Winnicott, D. W. (1945). Alimentação do bebê. *In*: Winnicott, D. W. *A criança e o seu mundo* (1957/1982). Rio de Janeiro: Grupo Editorial Nacional.

Vê e sente-se vista por aquela criatura tão pequena e tão cheia de si (de potencial de si)!

Se encontram ambas no momento da mamada.

A mãe percebe então que aos poucos a sucção da bebê se acalma, os bracinhos relaxam sobre a almofada, os olhos se fecham e o sono chega.

É no encontro da mãe e da bebê que a nutrição do corpo e da psique acontecem.

É na presença da mãe que o descanso chega como fruto da entrega.

A MANCHA NO QUIMONO BRANCO

"*O leite da mãe não flui como uma excreção; é uma resposta a um estímulo, e o estímulo envolve a visão, o olfato e o toque de seu bebê, além do som do seu choro, que indica uma necessidade. Tudo se funde, os cuidados da mãe com o bebê e a alimentação periódica que se desenvolve como se fosse um meio de comunicação entre os dois — uma melodia sem palavras.*" *(Winnicott, 1957)*[18]

---

[18] Winnicott, D. W. (1957). A contribuição da psicanálise à obstetrícia. *In*: Bebês e suas mães (2020).

O quimono, branco, escolhido especialmente para os atendimentos do dia, se vê tomado por uma mancha grande e úmida na altura dos seios.

O corpo anuncia a sincronia com a bebê: o leite desceu, a mãe fez-se alimento!
O leite escorre soberano — nutrição para o corpo e a psique!

Diante disso, a analista-mãe percebe-se meio bicho e sente-se em ligação, profunda, com todas as outras fêmeas, mamíferas, que alimentam, como ela, os seus filhotes.

A mãe experimenta uma nova potência em si e com isso se dá conta: amamentar não nutre apenas a bebê, mas a ela própria!

(Nos bastidores, a analista-mãe é só mais uma mãe, cujos seios escorrem o leite que mancha o quimono branco, especialmente escolhido para mais um dia de trabalho.)

ONDE MORAM EM TI OS TRAÇOS MEUS

Pequenina,

enquanto te amamento, filosofo com meus botões:

De quanta mistura é feito um ser humano? De quanta junção, herança familiar, empréstimos?

Resultado do somatório e das aglutinações do que herdamos e do que fazemos com o que é feito de nós.

Por isso, observo você.

Busco em ti o familiar e me pergunto: *onde moram em ti os traços meus?*

Enquanto mama, decifro-te e me busco em ti.

De repente, como se pega em flagrante, vejo que é você quem me observa, como se ouvisse todos os meus pensamentos.

Nesse momento, nossos olhares se encontram e me reconheço ali.

Mora em ti o meu olhar!

Nos reconhecemos então.

Tão únicas.

Tão juntas.

Tão familiares!

I.NAU.GU.RAL

Tudo aquilo que encontra o terreno puro e desocupado das lembranças, do mundo interno ainda a se constituir; o original, o primitivo, o primordial. As primeiras marcas que darão o tom do que está por vir.

(a autora)

Compreendemos a delicadeza dos inícios, das primeiras vezes e tratamos com respeito o indivíduo que começa a ser.
(Há algo de sagrado ali, que não deve ser perturbado!)
Por isso, me encanto com os pezinhos que encontram o mar, pela primeira vez.
"*O nome da imensidão que assistimos é mar e é ele quem banha toda a terra.*"
Narro o mundo e o apresento a ela, em pequenas doses[19].
Passeamos pelas dunas finas e adentramos as piscinas que marcam o encontro da água do mar e do rio.
A água quente nos acolhe e então nos banhamos.

---

[19] Referência ao texto de Winnicott: "O mundo em pequenas doses". *In:* Winnicott, D. W. *A criança e o seu mundo* (1982). Rio de Janeiro: Grupo Editorial Nacional.

E se há uma coisa linda ao se presenciar o encontro das águas é se dar conta da possibilidade do contato, íntimo, profundo e intenso, sem anulação ou violação.

A vista de longe revela: após o encontro das águas a água doce mantém sua cor escura e o mar o seu azul intenso, cristalino!

As águas se encontram.

Tomam-se mutuamente, mas permanecem lá como sempre foram: íntegras e inteiras!

"*Nós também podemos nos tocar, nos encontrar, respeitosamente.*"

Diante do mar e do rio: podemos ser mãe e filha!

ELA VAI PORQUE PODE VOLTAR

Enquanto a mãe se distrai, com um livro na mão, a bebê engatinha.
Ganha a liberdade do chão.
Sincronizando braços, pernas, joelhos e mão.
Explora espaços.
Pode, agora, chegar ao objeto de interesse, pode sentir o chão gelado, pode ir até o vaso de flores amarelas que enfeita a mesa.
A bebê ganha o mundo, pouco a pouco!
De longe, ao se cansar, senta-se sobre as perninhas cheias de dobrinhas e olha a mãe.
Procura seu olhar atento, aquele que oferece segurança e permissão de ir além. Aquele que se alegra com mais uma conquista e vibra: "*Isso, filha, você alcançou o vaso de girassóis!*".
A bebê enxerga a mãe, com uma distância tal que começa a ter ali um vislumbre da mãe como gente!
(A mãe, antes objeto subjetivo, antes tomada apenas como extensão de si, ganha agora, para a bebê, ares de objeto externo.[20])
Por isso a bebê engatinha rápido de volta para a mãe.

---

[20] No estágio de dependência relativa, o bebê adquire a capacidade de relacionar-se com um objeto e de unir a ideia desse mesmo objeto com a percepção da pessoa total da mãe. É também nesses estágios que começa a ser necessária uma certa desadaptação materna.

Teme a sua ausência, angustia-se com o seu distanciamento, e é verdade que não suportará se este for extenso por demais.

A bebê vive a separação, experiência paradoxal de conquista e dor!

"*A bebê cresce e descobre o mundo*", filosofa a mãe que assiste a cena enquanto a pequena lhe escala as pernas, pedindo colo.

A bebê se afasta e volta; vai e vem.

Ganha o mundo e retorna ao colo.

Sabemos: só pode ir porque encontra lugar para voltar!

BRINCA, MÃE!

"[...] é no brincar, e talvez apenas no brincar, que a criança ou o adulto têm liberdade para ser criativos.

[...]

É no brincar, e apenas no brincar, que a criança ou o adulto conseguem ser criativos e utilizar toda a sua personalidade, e somente sendo criativo o indivíduo pode descobrir o self."

(Winnicott, 1971)[21]

---

[21] Winnicott, D. W. (1971/1975). O brincar: atividade criativa e a busca do self. *In*: Winnicott, D. W. *O brincar e a realidade* (2019). São Paulo: UBU.

Descola do celular, mãe!

Desce daí de cima, do espaço adulto, da formalidade do trabalho, da dureza da vida.

Vem, mãe!

Senta no chão, com as pernas dobradas em posição de "borboleta".

Enraíza, mãe!

Deixa a cabeça de lado e encarna o resto do corpo.

Experimente outro estado de espírito e sinta a vida e o tempo!

"Tudo passa em outro ritmo quando a gente habita o próprio corpo."

Brinca, mãe!

De novo.

De ser criança.

De ser pequena para, só então, poder ser grande!

A ANALISTA-MÃE RELÊ (O MUNDO)

A analista leu Winnicott e encontrou ali substrato que aduba a escuta e permite a compreensão do sofrimento para além dos desejos e pulsões.

A analista leu Winnicott e apreendeu que é ali no pequeno, no primitivo que se instaura muito do que está por vir, do que será base do adulto e do mundo.

A analista, então, se torna mãe e relê Winnicott.

Revisita os mesmos livros de outrora e se dá conta do que não havia lido ali.

A teoria, agora, lhe atravessa a mente e o corpo.

O bebê do texto, antes pura especulação, ganha corpo real e o contorno vivo da bebê que ela carrega no colo!

A analista-mãe se vê agora observadora e parte viva da teoria que estuda.

Se dá conta, com isso, que cresce na compreensão das antigas ideias.

Percebe-se enriquecida dessa experiência.

A analista-mãe relê Winnicott e descobre-o outro!

A mãe-analista relê Winnicott e percebe-se outra!

O ABRAÇO QUE É TODA A BONDADE DO MUNDO

Hoje ela me olhou diferente: deixou a boneca no chão e se atirou, com os bracinhos esticados para cima de mim.

Abraçou-me como quem não quer nada e ficamos abraçadas segundinhos que duraram muito, para uma mãe recente.

Abraçou-me, como se soubesse o que é amar.

E, apesar de toda a sua pequenez, aquele ser me acolheu, completamente. Talvez porque morasse, ali, naquele abraço, a magnitude do gesto: o gesto espontâneo de amor!

"*O ser ama e se expressa!*"

Eu não consegui imaginar nada mais bonito do que isso, por isso, *maravilhei*!

Veja bem: algo empurrou a bebê para o abraço, para o gesto amoroso, construtivo. Algo a conduziu ao carinho direcionado à mãe que inocentemente brincava com ela, de boneca. Por isso, concluí: "*Algo bom nos habita!*".

E repeti isso para mim, algumas vezes, como se, com isso, expandisse todo aquele maravilhamento para além de mim.

É que o gesto amoroso da bebê não dizia respeito apenas a nós duas, ele revelava a humanidade inteira.
Eu me deparava, face a face, com a capacidade humana de amar.
Por isso, maravilhei!
(Eu não sabia, mas tornar-me mãe era também um modo de resgatar esperanças no humano e no mundo!)

EU NEGOCIO COM O TEMPO

Essa é a confissão da analista-mãe, aquela que se percebe cheia de desejos, sonhos e planos, mas também tomada pelo sobressalto da vida que cresce ao seu lado, na figura viva da bebê que carrega nos braços.

A analista-mãe sabe do valor do tempo e conhece, na prática diária, a potência de 50 minutos de uma sessão de análise.

O tempo agora, no entanto, é outro, se encurta por vezes, se acelera por outras, se divide entre funções de cuidado que se sobrepõem: a função da analista e a função da mãe.

Por isso, a analista-mãe se vê no exercício de priorizar, de abdicar do que pode esperar e cuidar do que tem que ser feito, agora!

Com isso, a analista-mãe convive, diariamente, com a angústia do que precisa ser adiado, cancelado, reajustado e se apega à confiança interna de que aos poucos as coisas retomam o ritmo (ritmo novo, é verdade!).

A analista-mãe, como toda mãe que se preze, negocia com o relógio meios de remanejá-lo e de fazer caberem ali todos os desejos-sonhos que carrega no peito.

NOS BASTIDORES, UMA MÃE

Nos bastidores, a analista é só mais uma mãe, às voltas com os desafios do cuidado, desapegando-se do que foi lido e aprendido, estudos afora.
(É necessário se desapegar dos saberes para não ser engolida pela maternidade ideal.)

Nos bastidores, a analista é só mais uma mãe, às voltas com a tarefa de continuar existindo, para além dos cuidados e das novas funções.
(Por isso, cultiva hábitos que a mantenham conectada com quem foi e é, para além de toda essa experiência.)

Nos bastidores, a analista é só mais uma mãe, às voltas com as falhas cotidianas, com as inseguranças que envolvem cuidar de alguém, com a constatação de que nada será exatamente como imaginado, sonhado e desejado.
(A analista-mãe vive, mais do que nunca, a ideia do cuidado suficientemente bom.)[22]

---

[22] Referência ao termo "mãe suficientemente boa", cunhado por Winnicott. Por meio dele, o autor se refere ao cuidador capaz de reconhecer e atender às necessidades do bebê devido à sua profunda identificação com ele. Não se trata, no entanto, de um saber sustentado pela racionalização ou pelo conhecimento técnico, mas pela identificação com o bebê. Para saber mais, visitar os artigos presentes no livro *Bebês e suas mães*, em especial o artigo "A mãe dedicada comum" (1966).

Nos bastidores, a analista é só mais uma mãe, às voltas com a falta de tempo, com a rotina corrida, com o cansaço.

Nos bastidores, a analista é só mais uma mãe — piegas talvez —, que experimenta o poder transformador do amor!